D0938344

Tous lecteurs !

Milieux extrêmes

Robert Coupe

traduit par Lucile Galliot

hachette
ÉDUCATION

Sommaire

Des climats extrêmes ···················· 4

En montagne ···················· 6

En mer ···················· 8

Un petit âge glaciaire ···················· 10

Froids extrêmes ···················· 12

Chaleurs extrêmes ···················· 14

Les déserts ···················· 16

Les volcans ···················· 18

Les cyclones ···················· 20

Les tornades ···················· 22

Les avalanches ···················· 24

Les coulées de boue ···················· 26

Les tremblements de terre ···················· 28

Quiz ···················· 30

Lexique ···················· 31

ISBN : 978-2-01-117492-5

Copyright 2008 © Weldon Owen Pty Ltd.

Pour la présente édition, © Hachette Livre 2010, 43 quai de Grenelle, 75905 Paris Cedex 15.

Sur notre planète, certaines régions
sont accueillantes pour les végétaux,
les animaux et les êtres humains.
D'autres sont soumises à des conditions
extrêmes. Le froid, la chaleur, l'humidité
ou la sécheresse y rendent la vie difficile, voire
impossible. De nombreuses régions sont aussi
menacées par des catastrophes naturelles.

AMÉRIQUE
DU NORD

EUROPE

mont Rainier,
États-Unis

mont Washington,
États-Unis

el-Azizia,
Libye

AFRIQUE

AMÉRIQUE
DU SUD

désert d'Atacama,
Chili

Ci
la Réu

ANTARCTIQUE

Des climats extrêmes

Depuis 200 ans, les hommes étudient le climat.
Nous savons aujourd'hui où se trouvent les régions
les plus froides et les plus chaudes. Des instruments
permettent de mesurer la force du vent ou
la quantité de pluie tombée (les précipitations).

ASIE

 Cherrapunji,
Inde

OCÉANIE

...tok,
...arctique

Sur cette carte sont indiqués les territoires où le climat est extrême. Comme tu peux le voir, la région la plus sèche se trouve en Amérique du Sud et la plus froide en Antarctique[*].

Les records de climat

Utilise ces symboles pour repérer sur la carte les différents records de :

 chute de neige   vitesse du vent   froid

 sécheresse   chaleur   précipitations

En montagne

Peu d'animaux habitent au sommet des montagnes car il y fait très froid. Seules des plantes de petite taille y poussent. En revanche, de nombreux animaux et plantes vivent sur les versants* car le climat y est plus doux.

Les plus hautes montagnes

Le sommet du mont Everest est le point culminant* sur Terre. Son altitude* est de 8 850 m.

le mont Everest au Népal	le mont Fuji au Japon	le mont Blanc en France
Altitude : 8 850 m	Altitude : 3 776 m	Altitude : 4 808 m

L'Himalaya*, en Asie, est la plus haute chaîne de montagnes du monde. Il n'y a aucune vie sur ses sommets, mais de nombreuses espèces d'oiseaux vivent dans les forêts de moyenne altitude.

un énicure tacheté

une pirolle à bec rouge

un lophophore
resplendissant

En mer

Les mers autour des pôles* Nord et Sud sont extrêmement froides. Des blocs de glace flottent à leur surface. Seuls quelques animaux marins survivent à ces températures. Près de l'équateur*, les océans sont bien plus chauds.

La dallia d'Alaska

Ce poisson vit dans les lacs, les étangs et les cours d'eau glacés de l'Arctique*. Il se nourrit de larves* d'insectes.

Les orques*, surnommées « baleines tueuses », ressemblent à de gros dauphins. Elles peuvent vivre dans les eaux froides de l'Arctique, mais aussi dans les mers chaudes du globe.

une orque

Un petit âge glaciaire

Entre 1450 et 1850, l'Europe a connu
des hivers si froids qu'on a appelé cette période
« le petit âge glaciaire ». Mais lors des véritables
glaciations*, le froid s'est installé sur Terre
pendant des milliers d'années.

À Londres, en Angleterre, la Tamise était autrefois recouverte de glace tous les hivers. De 1607 à 1814, on organisait sur le fleuve gelé des marchés appelés « foires de glace ».

Le sais-tu ?

Certains hivers, la couche de glace sur la Tamise pouvait mesurer jusqu'à 28 cm d'épaisseur !

Froids extrêmes

Les ours polaires et les manchots empereurs
vivent aux deux extrémités de la Terre,
au cœur des deux régions les plus froides
de notre planète. Les premiers habitent
en Arctique*, près du pôle* Nord, et les seconds
en Antarctique*, près du pôle Sud.

des manchots
empereurs

Les manchots empereurs sont des oiseaux, mais ils ne savent
pas voler. Ils sont en revanche d'excellents nageurs.
Les ours polaires vivent sur la terre ferme mais ils plongent
dans l'eau glacée pour chasser les phoques et les poissons.

Le sais-tu ?

L'hiver, l'Antarctique double sa surface.
La mer se recouvre d'une épaisse couche
de glace qui s'étend au large des côtes.

des ours polaires

Chaleurs extrêmes

Dans les régions chaudes, la nourriture est difficile à trouver. À certains endroits, il n'y a même pas d'eau. Pour survivre, les animaux font des provisions. Le chameau, par exemple, stocke des réserves de graisse dans ses bosses.

Des stocks pour l'hiver

Les écureuils stockent des noisettes et des graines dans les arbres pour avoir de quoi manger tout l'hiver.

un écureuil

Les gazelles girafes vivent dans certaines régions arides* d'Afrique. Elles boivent très peu. L'eau contenue dans les feuilles des arbres leur suffit. Elles les atteignent grâce à leur long cou.

Les déserts

Les déserts sont des régions extrêmement chaudes et sèches. Les sols y sont recouverts de sable ou de cailloux et peu de plantes peuvent y pousser. Les cactus sont les rares plantes qui parviennent à survivre dans les déserts américains grâce à l'eau stockée dans leurs tiges.

À Monument Valley, dans l'Ouest des États-Unis, des barres rocheuses se dressent au milieu d'un désert de sable brûlant.

Le cactus Saguaro

Ce cactus est une plante adaptée au désert.
Il pousse très lentement, mais vit parfois
jusqu'à 200 ans !

âge en années

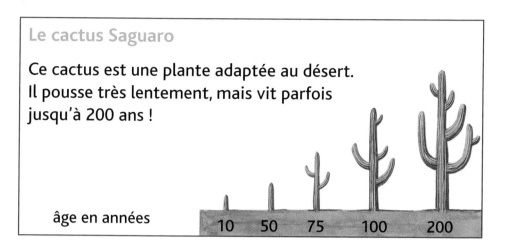

10   50   75   100   200

Les volcans

Les régions volcaniques sont parfois dangereuses
pour les êtres vivants. Un volcan est une montagne
qui peut entrer en éruption* : il projette alors
des cendres et du gaz dans les airs. Des coulées
de lave* descendent le long des versants*
et brûlent tout sur leur passage.

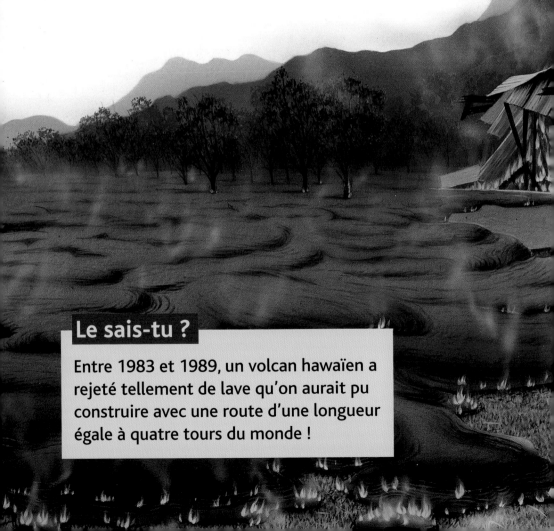

Le sais-tu ?

Entre 1983 et 1989, un volcan hawaïen a
rejeté tellement de lave qu'on aurait pu
construire avec une route d'une longueur
égale à quatre tours du monde !

La lave commence par brûler les maisons.
Une fois refroidie, elle se transforme
en une roche solide qui recouvre la végétation.

Les cyclones

Les cyclones* sont des tempêtes très violentes
qui se forment au-dessus des mers tropicales*.
Ils naissent près de l'équateur*, puis font route
vers le nord ou le sud. Lorsqu'ils atteignent
les côtes d'un pays, les vents puissants et
les inondations provoquent des catastrophes.

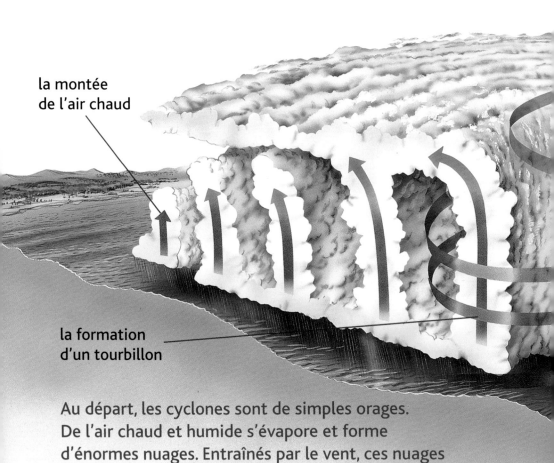

la montée
de l'air chaud

la formation
d'un tourbillon

Au départ, les cyclones sont de simples orages.
De l'air chaud et humide s'évapore et forme
d'énormes nuages. Entraînés par le vent, ces nuages
se mettent à tourbillonner et grossissent de plus en plus.

La vie d'un cyclone

Les nuages du cyclone s'épaississent de plus en plus,
puis finissent par se séparer en morceaux.

jour 1   jour 2   jour 3   jour 6   jour 12

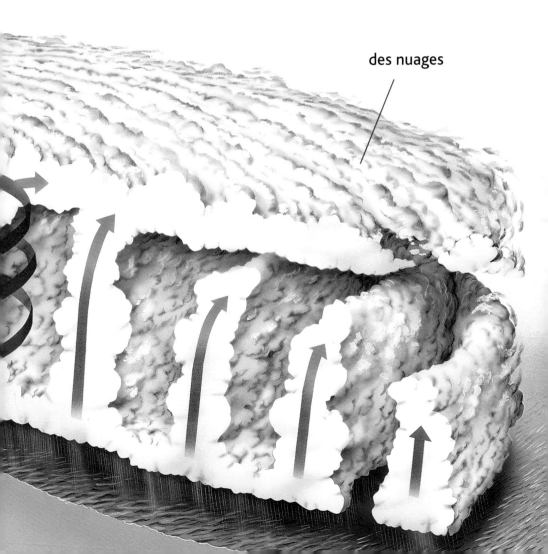

des nuages

Les tornades

Les tornades* sont d'immenses tourbillons de vents et de nuages qui se déplacent rapidement au-dessus du sol. Comme un aspirateur géant, elles avalent les habitations et les arbres sur leur passage. Elles s'accompagnent de pluie, d'éclairs et de coups de tonnerre.

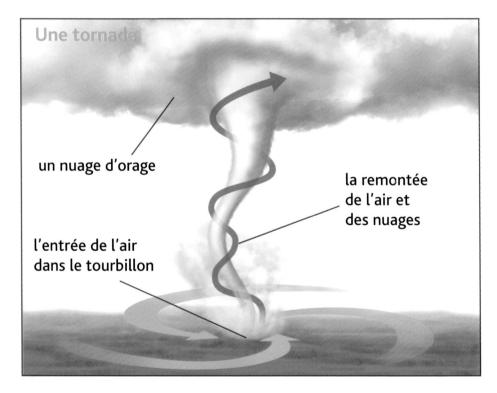

Une tornade

un nuage d'orage

la remontée de l'air et des nuages

l'entrée de l'air dans le tourbillon

Les tornades peuvent survenir n'importe où mais la plupart sont observées aux États-Unis. Certains « chasseurs de tornades » parcourent le monde pour photographier ou filmer ces phénomènes spectaculaires.

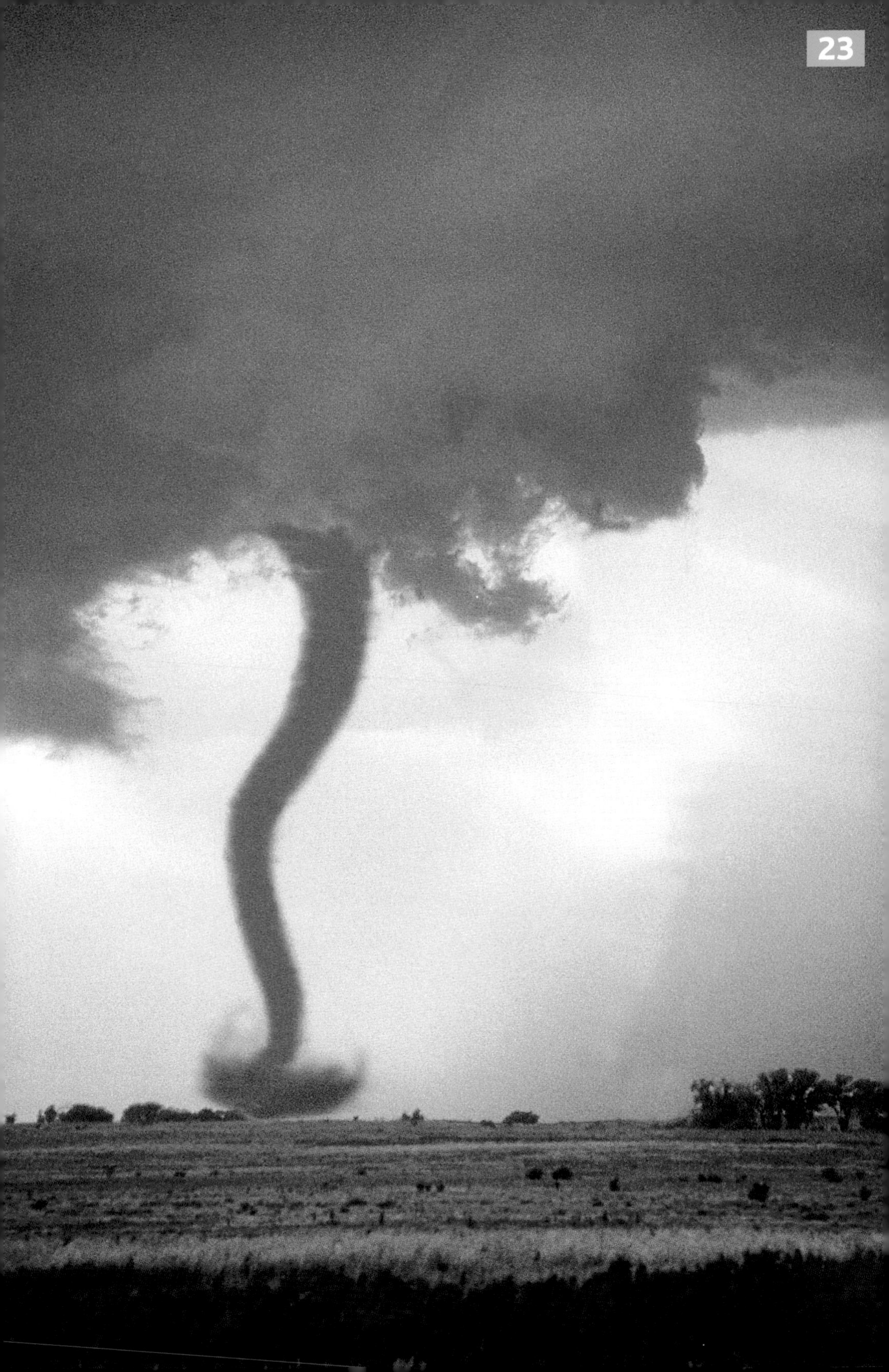

Les avalanches

Lorsque la neige s'accumule en grande quantité sur le versant* d'une montagne, un danger guette. La masse de neige risque de se détacher d'un coup et de dévaler la pente : c'est une avalanche. Elle ensevelit tout sur son passage : skieurs, voitures, maisons ou villages entiers.

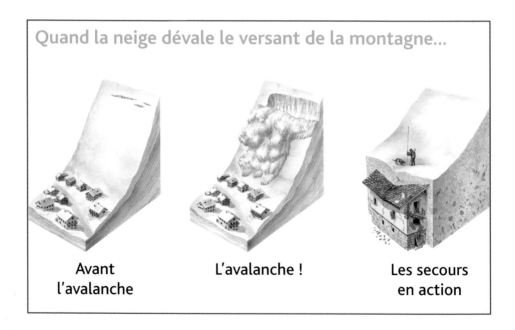

Quand la neige dévale le versant de la montagne...

Avant l'avalanche	**L'avalanche !**	**Les secours en action**

Les avalanches se déclenchent souvent lorsque de la neige fraîche tombe en masse sur une couche plus ancienne.

Les coulées de boue

Un volcan en éruption* provoque parfois
des coulées de boue. Mélangée à de la neige
ou de la pluie, la cendre chaude forme une boue
épaisse qui dévale les versants* du volcan.
Elle recouvre ensuite les terres environnantes
et dévaste tout sur son passage.

Le sais-tu ?

En 1985, l'éruption du Nevado del
Ruiz en Colombie (Amérique du Sud)
déclencha une immense coulée de boue
qui engloutit la ville d'Armero située
à 40 km du volcan.

Une coulée de boue est aussi dangereuse qu'une
avalanche. La boue peut recouvrir une ville entière !
Il y a aussi un risque d'inondation lorsque la boue
finit sa course dans un fleuve.

une coulée de boue

27

Les tremblements de terre

Régulièrement, la Terre est agitée par de légères secousses. Ces petits séismes* ne font aucun dégât. Mais, chaque année, une centaine de tremblements de terre puissants détruisent des régions entières.

Lors d'un gros tremblement de terre,
le sol bouge, ondule et se soulève.
Les bâtiments s'effondrent,
les routes se fissurent
et les canalisations explosent.

Quiz

Remets ces lettres dans le bon ordre puis associe chaque mot à l'image qui lui correspond.

ZALEGLE FRIGAE

CSAMNOTH

TADRONE

CUTASC

Lexique

altitude : hauteur d'un lieu par rapport au niveau de la mer.

Antarctique : vaste continent recouvert de glace et situé autour du pôle Sud.

Arctique : zone très froide qui entoure le pôle Nord.

aride : très sec, où rien ne pousse.

cyclone : tempête très violente qui forme un tourbillon.

équateur : ligne imaginaire qui traverse la Terre en son milieu et qui marque la séparation entre l'hémisphère Nord et l'hémisphère Sud.

éruption : activité d'un volcan qui se manifeste par une projection de lave, de gaz et de cendres.

glaciation : très longue période de froid intense durant laquelle la Terre a été en grande partie recouverte de glace et de neige.

Himalaya : chaîne de montagnes située dans le Sud de l'Asie. On y trouve les plus hauts sommets du monde.

larve : forme qu'ont les insectes quand ils sortent de l'œuf (corps mou, dépourvu d'ailes).

lave : roche transformée en liquide sous l'effet d'une très forte chaleur. Elle est expulsée des volcans en éruption.

orque : grand mammifère marin, noir et blanc, que l'on retrouve dans presque toutes les mers.

point culminant : le plus haut sommet.

Pôles : régions très froides situées à l'extrême Nord et à l'extrême Sud du globe.

séisme : tremblement de terre.

tornade : tempête violente qui donne naissance à un nuage sombre en forme d'entonnoir et à des vents rapides qui tourbillonnent au sol.

tropicale (région) : région chaude et humide située de part et d'autre de l'équateur.

versant : pente d'une montagne.

Crédits photographiques : 16-17 : Photodisc ; 23 : Digital Stock ; 25 : iStock
Mise en pages : Cyrille de Swetschin

Achevé d'imprimer en Italie par L.E.G.O. S.p.A.

Dépôt légal : 02/2010 - Collection n° 36 - Edition n° 01
11/7492/9